「日本流幸福度」を高めるための

経済改革論

鈴木 章子

東京図書出版

今、世界中で様々な経済問題が起きています。

日本も例外ではなく、経済問題が深刻化していますね。

皆さんは「経済」と聞くと、何を思い浮かべますか？

多くの方は「お金」を思い浮かべるのではないでしょうか。

経済書の多くには「お金が儲かる方法」とか「お金を使わない方法」とかがありますね。


私の考える「経済」は、「人々の行動」そのものではないかと思うのです。

経済が安定すると、人々の行動も安定する。——①
やがて、欲が出てきて、人々の行動が混乱する。——②
すると、経済が混乱する。——③

すごくシンプルですが、結局「経済」とはこのようなものなのかなと思います。
現在は、③の経済が混乱している状態ですね。
歴史的に見ると、③の経済の混乱の後、戦争が起きています。
そして、終戦を迎えると①の経済も人々の行動も安定した状態になり、
やがて、②の人々の行動の混乱が起きて、③の経済の混乱が起こる。

このパターンが、世界中で何百年もの間繰り返されてきました。
戦争というものが、経済システムに組み込まれているかのようです。

人々の行動は、なぜ混乱してしまうのでしょうか？

現在の社会は「お金」が無いと生活していくことができません。
必然的に人々の行動基準は「お金」になってしまいます。
「お金」が行動基準だと、③の経済の混乱から①の経済の安定へ移行させる為には、
「戦争するしかない」ということになってしまいます。

何としても「戦争」だけは回避したいですよね。

その為には「新しい行動の基準」を見つけなければならないのです。


日本の憲法第十三条には、このように定められています。

> すべて国民は、個人として尊重される。生命、自由及び**幸福追求に対する国民の権利については、**公共の福祉に反しない限り、**立法その他の国政の上で、最大の尊重を必要とする。**

私はこの**「幸福追求」を「新しい行動の基準」にしてみてはどうか**と思います。

世界を見渡せば「幸福度」には様々な基準があると思いますが、私は「幸福度」の基準を**「人として感じる根源的な幸福」**としてみました。

人はどんな時に「幸福」と感じるでしょうか？　例えば、こんな時ではありませんか？

幸福１　人として成長することができる（できた）
幸福２　役に立つことができる（できた）
幸福３　信頼される・認められる
幸福４　安心できる

これらを「幸福の４要素」としましょう。

「日本は幸福度が低い」と言われて久しいですが何故なのでしょう？
昭和30年代の日本は「貧しいけれど良かった時代」とよく言われますね。
その理由は、「幸福」と感じることが出来たからではないでしょうか。
そして「貧しいけれど……」なのです。
人は、物やお金を与えられただけでは、喜びを感じにくいということです。
「幸福の４要素」を現代の日本にあてはめて考えてみましょう。

幸福1　人として成長することができる（できた）

人は「赤ちゃん」から「子供」になり、そして「大人」になります。

赤ちゃんや子供が成長するには、まず〝まねをする〟ことから始まります。

赤ちゃんは子供のまねをして、子供は大人のまねをします。

見てもわからないことは言葉で教えてもらいます。

そして忘れがちなのが大人の成長です。

大人が成長するには、子供や目下の人を育てることが必要なのです。

現代の日本は、核家族化・少子化が進み一人っ子が多くなりました。

地域によっては、過疎化して子供がいないという所もあります。

日常生活においては、「赤ちゃん」は保育園や幼稚園に通い、「子供」は学校へ通い、「大人」は会社に通います。

このような環境では、「赤ちゃん」や「子供」にとって〝まねする人〟がいませんね。

「大人」も、同世代の人や気の合う人とばかり交流していては成長しません。

今の日本は『人として成長しにくい環境』だと言えます。

幸福2　役に立つことができる（できた）

近年日本では、プライバシーが重視されるようになり、人と交流する機会が減りました。また、「困っている人を助けるのは国や行政の仕事」という環境では、そもそも「個人として何かの役に立とう」と考える必要性が無くなってしまいます。そして、このような環境では「役に立つ為にこんなことをしてみよう」と考えても、具体的なアクションを起こすことが難しいでしょう。

今の日本は『役に立つことができる（できた）と感じにくい環境』だと言えます。

幸福3　信頼される・認められる

あなた自身、どんな人なら信頼できますか？　そして、どんな人を認めますか？

インターネットの普及などで社会がグローバル化すると、誰でも簡単に情報発信ができるようになり、中には悪用する人もいます。個人情報流出問題など起こり得なかった時代に比べると、人々は、人との関わり方に対して、だいぶ気を遣うようになりました。信頼関係が築けないと結婚することも出来ません。

また、社会で認められる為に、様々な資格（スキル）が要求されるようになりました。資格取得の為には、お金や時間がかかります。お金が無い人は、資格を取得する事が出来ず、安いお給料で長時間労働しなければならなくなり、頑張って働いても資格取得の為の時間がとれない、という悪循環に陥ってしまいます。

お金を借りるにしても「この人はお金を返すことができる」という信頼が必要になります。具体的には担保が必要になります。売ればお金になる資産（家や車等）を持っているかどうかが基準なのですから、人柄などは二の次という事になりますね。人柄の良い人よりも資産を持っている人のほうが認められやすい環境では、必然的に「どんなに努力しても信頼を得る事ができない、認めてもらえない人」が現れてしまう事になります。

今の日本は『全ての人が、本人の努力だけで信頼される・認められる環境ではない』と言えます。

幸福4　安心できる

日本では、近々大地震が起こる、火山が噴火するなどと言われ自然災害の脅威にさらされています。原発問題も起きたりして「安心できる環境」とはとても言えませんね。日常生活においても、健康の不安とか、収入が安定しないとか、結婚・出産・子育ての不安とか、老後の不安とか、心配事を挙げればきりがありません。

これらの不安に対策を講じる事が出来ない日本の現状は『安心できない環境だ』と言わざるを得ません。

では、どうすれば「幸福の4要素」を満たす環境になるのでしょうか？
日本において「幸福度」を高めるためのキーワードは、
「人々の交流の機会を増やす」ことに尽きるのではないでしょうか。
理由は次のとおりです。

幸福1　人として成長することができる（できた）
赤ちゃん・子供・大人が交流すれば、お互いに成長できる。
幸福2　役に立つことができる（できた）
人との交流があってこそ役に立つことができる。
幸福3　信頼される・認められる
人々の交流があるからこそ信頼が生まれ、認め合うことができる。
幸福4　安心できる
実質的に助け合う事ができるのは人々であり、国や行政ではありません。

人々が交流できない理由を明確にして、その原因を取り除き、改善することができれば「幸福度」は格段に高まるのではないでしょうか？

人々が交流できない理由を考えてみましょう。

- 核家族化（空間の分断）
- 少子化（空間の分断・時間の制約・資金不足）

● 過疎化（距離と時間の制約・資金不足）
● 同世代の人や同じ価値観の人だけが集まりやすい（空間の分断）
● プライバシー重視（空間の分断）
● やらなければならない事ばかりに時間を割かれ、プライベートな時間がもてない（時間の制約）

思いつくだけでもこれだけありました。他にも理由はあるかもしれませんが、人々が出会い、交流するには、第一に「共有できる空間」が必要だと言えますね。

また、「距離や時間の制約」があると、出会うことも交流することも出来ません。

例えば、毎週日曜日がお休みの人と火曜日がお休みの人は一緒に過ごせませんね。

そして、「資金的な面はどうするのか」という事も考えなくてはなりません。


「幸福度を高めるために必要なこと」をまとめてみましょう。

1　誰でも・気軽に・いつでも共有できる空間（拠点）をつくる

2　資金をうまく循環させる

3　時間および距離の制約を緩和する

「日本流幸福度」を高めるための
経済改革論

目次

- なぜ「税金を増やす」ことができるのか？
- 「新しいお金」の特徴
- 「お金を貰ってから働く」という順番だと、怠けてしまうかも？
- 「新しいお金」を貰って〝やるべきこと〟とは
- 「既存の権利」と「個人に付け替えられている負債」を明らかにする
- 破綻のリスクが無い形で、受け取れるサービスの内容を決定する方法
- 問題は、既存の保険の運営方法にあります
- 幸福度を高めるには「新しい保障制度」が必要です
- 年金など、既存の保障は消えてしまうのか？

3 時間および距離の制約を緩和する

- 「誰でも・気軽に・いつでも共有できる空間」（拠点）を全国に必要なだけつくる
- 「自分の都合で休日が決められる」環境をつくる
- 「地域の福利厚生」を充実させる
- 「拠点」は雇用創出の場でもある
- 拠点間で情報を共有できるようにする
- 全国に拠点ができたら、拠点間の交流を図る
- 拠点を中心とした交通網をつくる
- 「環境を守る為の活動」を拠点から始める
- 人々がお互いに成長できる環境をつくる（教育について）
- 自然人としての〝人〟を育てる

- 地域ボランティアについて
- 街に住む人と各地方に住む人が、交流を通じてお互いに学ぶ
- さまざまな文化を育むための場

1 誰でも・気軽に・いつでも共有できる空間（拠点）をつくる

既に存在する共有空間にはどんな場所がありますか？
「プライベートな家」以外の場所には、どんな場所があるでしょうか。

- 学校（幼稚園・小学校・中学校・高校・大学等）
- 会社（オフィス）
- 病院
- 図書館
- 公園
- 商業施設（デパートやショッピングセンター等）

● ホテル・旅館
● レジャー施設

いわゆる「公共の施設」ですね。

公共の施設は、それぞれの目的に合わせて作られています。

学校・会社・病院は、特定の人しか利用できません。図書館は、利用時間や目的が決められていますし、その他の施設は、お金が無いと利用できません。

既にある共有できる空間の中で、誰でも・気軽に・いつでも利用できる場所は公園しか無いという事になりますね。しかし、近頃ではその公園でさえ〝ボール遊び禁止〟など制約が厳しくなりました。


「空間の分断」の原因はここにあります。

「プライベートな家」と「公共の施設」の間に、
「誰でも・気軽に・いつでも共有できる空間」(拠点)をつくることで、
人々の交流が生まれ、活発になるのではないでしょうか。

具体的には、

保育園や幼稚園や学童保育・介護施設・カルチャーセンター・

近隣で働く人の休憩所・運動場・宿泊施設……等

地域で必要な機能を集約し、また有事の際は「防災拠点」としても利用可能という空間をイメージしてみて下さい。

あなたには、他にもイメージがあるでしょうか？

それこそ、この「拠点」で話し合うことが出来たら素晴らしいと思いませんか？

「空間」には管理者が存在する

「プライベートな家」は、住人が管理しています。

「公共の施設」にも、それぞれ管理している組織があります。

「公園」も主に国や地方公共団体が管理しています。


それでは、「誰でも・気軽に・いつでも共有できる空間」(拠点)は誰が(どのような組織が)管理するのでしょうか。


「空間の管理者」は「その空間を所有する権利者」でもあります。

(管理者が委託管理組織の場合も、管理組織を選定するのは権利者なので同義とします)

権利者は、しかるべきところにお金を支払い「空間を所有する権利」を得ます。

そして、空間を所有している権利者が、「空間のルールをつくる」ことができます。


言い換えれば、お金を持っている人(組織)だけが「空間の管理者となる権利を持ち、空間のルールをつくることができる」ことになります。

すると、お金を持っていない人は「空間をつくることができず、ルールをつくる際に意見も言えない」ということになりますね。

それでは、国や地方公共団体が管理し、税金を使うようにすれば、お金を持っていない人も「空間やルールをつくること」に参加できるのでしょうか？

残念ながら、そのような流れにはならないだろうと思います。

なぜなら、都道府県の税収は、そこに住民票がある人の為に使わなければなりません。他の地方と連携するような計画を実行するには利害の一致が必要となり、話し合う事もできないケースが多いのです。まして国単位で地域のコミュニティをどうするかなど議論するのもおかしなものです。

結論として、

現在の日本には
「誰でも・気軽に・いつでも共有できる空間」（拠点）をつくれる組織はどこにもない

ということになります。

「誰でも・気軽に・いつでも共有できる空間」（拠点）をつくるには、「拠点をつくれる組織」をつくる必要があるようです。

「拠点をつくれる組織」をつくる

〝日本に住むすべての人〟が「誰でも・気軽に・いつでも共有できる空間を利用できる事」を目標にするならば、**〝日本に住むすべての人〟が管理運営する方法が最も適切**なのではないでしょうか。

もちろん強制ではなく「できる人が、無理のない程度に参加できる事」が望ましいです。

2 資金をうまく循環させる

何をするにも、まずは「資金」が必要ですね。
この資金はどのように捻出すればよいでしょうか？
現在、日本の組織には「民間団体」と「国や地方公共団体」があります。

【民間団体の場合】

会社組織であれば出資者から出資してもらいます。そして儲かったら出資者に配当金を配ります。必然的に、会社組織の目的は「儲けること（利潤追求）」となります。

会社組織が運営する「公共の施設」の目的がはっきりしているのは、このような理由からです。出資者は「結果が曖昧な事」に対してお金を出資する事はできないのです。

【国や地方公共団体の場合】


世の中、儲かる事ばかりではありませんね。

この儲からない事業を担う組織が、民間からの税収を資金源とする国や地方の公共団体なのです。しかし、民間が儲かってこその税収なので、儲からない場合、資金が枯渇し運営できなくなります。組織は、大きなプロジェクト向きで、地域のこまごました事への対応には向かないでしょう。

日本に住む全ての人で管理運営するのならば、日本に住む全ての人が出資すればいいじゃないか。とは言っても……

お金を持って生まれてくる人っていますか？　そんな人は世界中どこにもいません。

お金は、誰かから貰わなければ持つことはできないのです。

子供なら、親や面倒を見てくれる人からお金を貰うしかありません。

大人は、働いてお金を稼ぐしかありません。また、お金に働いてもらう人もいますね。

日本は、長引く不況の影響で、一生懸命働いても低賃金の為に日常の生活も大変という人が増えました。また、賃金を支払う側の民間団体や国・地方公共団体でさえ、何を計画するにも「資金不足」という理由だけで、必要な計画さえも白紙撤回されたり、先延ばしされたりすることが多々ありました。

この経済の悪循環を断ち切る為には、次に挙げる方法が最も有効だと考えます。

「資金集め」をやめて、新しい「資金の流れ」をつくる。

新しい資金の流れをつくるには

具体的な方法論のご説明の前に、近年における**日本経済の変遷**について触れたいと思います。

日本では、バブル景気以前と以後とで経済的に劇的な変化が起こりました。

バブル景気以前には、「日本型経営」と呼ばれる「日本独自の経営手法と会計基準」が存在しました。当時「親方日の丸」という言葉があったように、多くの業界では、国の主導による企業経営が行われていました。「会計基準」も現在の基準のように、グループ企業全体で決算報告を行う「連結決算方式」ではなく、各企業それぞれが決算報告をする「単独決算方式」でした。こうすることで、「親会社の負債」を子会社や関連会社に付け替えることができる為、親会社は絶対に倒産しない仕組みになっていたのです。また、「架空取引」により、実体以上に利益が上がったように見せかけることもできます。投資家は、決算書を基準にして投資するのですから、業績の良い企業に、どんどんお金が投資されます。そして投資家にも安定して配当金が配られ、その結果、消費が過熱することになります。この「実体を超えたお金」がバブルなのです。日本国内では経営が安定して良いという考え方もありますが、取引を付け替えることが可能だと、マネーロンダリングなどの弊害が起きたりして、不正なお金がどこに行ってしまうのか分からなくなる恐れもでてきます。これを防ぐ為に「連結決算」が行われるのですが、芳しくない経営状態が明らかになると倒産も有り得るので、「新会計基準」の採用に対して、日本国内では根強い反発がありました。

しかし、1995年頃から2000年にかけて、日本国内でも「新会計基準」が本格的に採用されると、当然のことながら、企業の倒産が相次ぎました。経営の効率化策として、人員整理（リストラ）があり、賃金が引き下げられ続けることになってしまったのです。

このような理由から、消費が減り続けた結果として「企業の淘汰」が起こりました。働き先が無くなり失業者が増える問題もさることながら、1社独占となり競争がなくなる問題も深刻です。何よりもサービスの質が低下してしまうことが一番の問題なのです。

格差社会が本格化し、少子化が進んでいる現在の日本において、市場は供給過剰となり、需要と供給のバランスがとれない状況に陥ってしまいました。格差により低収入人口が増えると「価格的な制約」が生じ、少子化の影響で「数量的な制約」が生じています。

すると、安くたくさん量を売る「薄利多売」も「ブランド力」で良い品を高く売ることもできなくなり、企業は経営方針すら決めることができないという難しい状況になります。現在、サラリーマンの個人所得は「企業からのお給料のみ」というケースが一般的です。しかも多くの企業では、ダブルワークを禁止しています。「企業からのお給料だけが生活の糧を得る手段」という環境で、もしもリストラされてしまったら、個人の生活は破たんしてしまいます。

ですから、企業も最低限の個人所得を保障してあげないといけないのですが、固定費を引き下げなければ経営が難しい。経費に占める割合が高い人件費をなんとかできないものか……というせめぎ合いが現在も続いているのです。

なぜ、このような経済の混乱が起こるのかを考えてみましょう

経済が混乱してしまう原因の一つには、「権利の対価」があります。「経済の混乱」は「人々の行動の混乱」が原因なのです。「権利の対価」が全体の中の一部にだけ生じている状態では、人々の行動に大きな混乱はありません。しかし、それが一定量を超えると、大きな混乱が起きてしまう。一体どういう事なのかを具体的にご説明致します。

「権利を持っている個人や組織」に対して、対価を支払うのは誰ですか？

「権利の対価」は、その権利を利用して開発された製品価格に転嫁されます。その代金は最終的に「消費者」が支払わなければなりません。

製品価格には「材料費・労務費・経費」が転嫁されます。昔は、これに利益を加えた定価を支払えば製品を買うことができました。現在は、そこに「権利の対価」が加わり、さらに「消費税」が加わるのです。この「権利の対価」と「消費税」は企業側が削減できない部分です。不況で値下げ競争が起きている状況では、企業努力として「材料費・労務費・経費」を削減するしかありません。「労務費」は働く人のお給料に当たります。すると、消費者でもある働く人は「お給料を減らされて、値上がりした製品を買わなければならない」という矛盾した結果になってしまうのです。

「矛盾した結果」と聞いて、「はい、そうですね」とうなずける方は「働く人や消費者の意識」で聞いてくださっているのだと思います。「経営者や権利者の意識」で聞いた方は「これは矛盾ではなく当然の結果なのだ」と思うのではないでしょうか。このような意識の違いがどうして起こるのでしょうか。

この意識の違いを理解するには「簿記会計という基準の枠組みがどこまで及ぶのか」と

いう部分に注目して考える必要があります。

現在の「会計基準」は、企業等の組織的な活動、または、特別な収入がある個人に適用されます。企業等の組織は「決算報告書」による報告義務があり、特別な収入のある個人は「確定申告」をする義務があります。一般的な個人が申告書を作成することはありませんね。「家計簿」を申告する義務はありません。

決算書や確定申告書の内容をざっくりご説明致します。

収入から支出を差し引くと利益または損失が明らかになります。黒字だと、収入の合計が支出と利益の合計と一致する。また、赤字だと、収入と損失の合計と支出の合計が一致する。これが各企業の経営成績を表す【損益計算書】の数字です。各企業の数字を合計すれば日本経済全体の成績がわかります。どこにも矛盾は無い。「経営者や権利者の意識」には、こうした裏付けがあるのです。

この**「日本経済全体の数字」には「家計簿」の数字は含まれていません**。

それでは、各家庭において、収入から支出を差し引くと、黒字でしょうか？　赤字でしょうか？　「頑張って働いてもお給料を減らされて、値上がりした製品を買わなければならない」という状況だと当然「家計簿」は赤字の状態になります。ここに矛盾を感じているのが「頑張って働いたお給料で生活している消費者の意識」なのです。

改めて話を整理しましょう。具体的な矛盾点は次のとおりです。

- 今まで通り頑張って働いているのにお給料が減る
- デフレで価格を引き下げなければならない情勢なのに値上がりする

「日本経済全体の数字」=「各企業の数字の合計」+「各家庭の数字の合計」だとすると、現在は「大きなマイナス」になるはずです。

「日本経済の変遷」で触れましたが、この状態は、バブル以前の日本型経営と似ているのです。「会社として利益が出ているはずなのに、実体は違っている」という状態です。昔は「親会社の負債」を子会社や関連会社に付け替える方法でこのような事になったのですが、現在はどのような方法で？　もうお分かりになりますよね。

「組織が絶対に倒産しない」為に「組織の負債」が「個人」に付け替えられている状態になっているのです。これでは「個人負債」は増える一方となり、やがて「個人破産」してしまう事になります。「権利の対価」のように「景気動向に関係なく、将来にわたり続く費用」には、こうした状況をつくり出す作用があります。

日本はバブル経済破綻からこれまでの間、様々な費用を「個人」に付け替えてきました。主要な企業や銀行等が倒産しそうになると公的資金として税金が投入され、経営悪化した社会保険の保険料は増額され続けています。リーマンショックなどの株価暴落の後には大規模なリストラがあり、原発事故の処理費用も電気料金にそのまま上乗せされています。

いやな話ですが、世の中は「権利の対価」を「受け取る側」と「費用を支払い続ける側」に分かれます。その額があまりにも大きくなった時、権利の対価という費用の支払いを放棄する為に戦争が起きたりすることもあります。

私個人としましては、今まで保証されてきた「権利という将来にわたる約束」を突然反故にするわけにはいかないと思います。

それこそ信頼関係を損なうことになってしまいます。

しかし、この状態を続ける事は、個人破産した人が自殺に追い込まれてしまうことになり、人が死に追い込まれるという事は、結果的に戦争しているのと同じ事なのです。

この経済の大きな矛盾をはやく解消しなければなりません。
その為には「権利」に対する考え方を少し変えるだけでいいのです。

　モノが生産される時の事を思い浮かべてください。例えば、
自然の中に育つ木を利用して（材料費）
これを人の手で加工して製品をつくり（労務費）
それを販売する（経費）とします。

　この「材料費・労務費・経費」はどこまでも増え続けるものではありません。材料費の自然に手に入る木は、取り尽くせばもうありません。労務費も、人が働くには食料がなければ動けません。経費として、車で製品を運ぶとガソリンを消費します。石油採掘量には

限界があるので使えるガソリンも限られます。こうした市場原理というものが働くのです。

決算報告書には、経営成績を表す【損益計算書】の他に、財政状態を表す【貸借対照表】というものがあります。

この【貸借対照表】は【バランスシート】と言われるものです。

自然の中には質量保存則が働いています。化学変化の前後でその総和は不変です。

簿記会計で表される数字は「取引」の積み上げです。取引とは、お金と何かを交換する事をさします。質量保存則のように、取引の前後でその総和は同じなのです。

第1次産業や第2次産業の価格には「市場原理（自然エネルギーの法則）」が働いています。「お金と自然エネルギーを交換している」とも言えます。

これに対し、「権利」の価格は人間同士の契約により生じます。

第3次産業は「権利」で成り立つ産業なのです。

第3次産業の価格には「市場原理（自然エネルギーの法則）」が働きません。その為、産業全体において、第3次産業の占める割合が増えると経済は不自然に歪みます。

例えば、デパートにはたくさんのテナント（お店）が集まって商品を販売していますね。商品を求めてたくさんのお客様（消費者）が集まります。テナント側は別の場所で販売する時よりも多くのお客様を相手に販売できるので儲けも大きくなります。そして、デパートに対してテナント料を支払いますが、それでも儲かるので問題ありません。デパート側は、各テナントの売り上げの一部を収入源として経営が成り立ちます。

ここで注目すべき点は、テナントの商品は、第1次産業または第2次産業でつくられたものであり、この売り上げの一部を第3次産業であるデパートに支払うということです。この付加価値が「ブランド力」というものなのです。

こう考えると、第3次産業の売り上げを大きくする事は、第1次・第2次産業の利益を奪う事に繋がるので、程々にしなければならないのですが、現在は増える一方ですね。ですから、主な経済問題の正体はこのブランド力のような「権利」にあると言えるわけです。第3次産業に吸い取られてしまう利益を何とか取り戻そうとして、今度は第1次産業の農産物にも付加価値を付けて「ブランド力」を高める為の努力がなされています。

これら付加価値を、そのまま消費者が支払うということは何を意味するのでしょうか？個人において、この付加された分のお金を工面する方法はどこにもありません。そして、自然との取引が行われていないのに、契約によるお金のやりとりだけ行う事で、

自然エネルギーとの総和が一致しなくなります。

消費の冷え込んだ日本において、「ブランド品」を選べる人の割合は低いでしょう。すると、日本の生産者は、付加価値を高めた製品を海外へ輸出しようとします。そして、日本の消費者は、海外の安い製品を選ばざるを得なくなります。これが贅沢な貴金属等ならガマンのしようもありますが、すでに食品や日用品にまで及んでしまっているのですから何とかしなければまずい状態なのです。10㎞離れた場所の農産物より1000㎞離れた場所から来る農産物のほうが安いという事は「人間の都合による自然エネルギーの大いなる無駄遣い」としか言えないのです。

第3次産業とは次のとおりです。

電気／ガス／水道／運輸／通信／小売／卸売／飲食／金融／保険／不動産／サービス／公務／その他

こうして業種を見ると、東京および地方の都市部において盛んな産業ばかりです。

また、社会問題となっている保険や医療も含まれていますね。

肥大した都市を抱える日本において、第3次産業（都市）の利益が、第1次産業や第2次産業の利益（主に地方）の中から支払われる構造ならば、第3次産業を除く日本の産業にどれだけの体力が残されているのか、実態を知るのが恐ろしいとさえ感じます。構造的に、日本の農業は保護政策を受け入れざるを得なかったのでしょうし、国がその保護を止めるのならば、付加価値をつけて海外に売り込むという選択も致し方ありません。


しかし、一般消費者の私は、絶対に諦めたくないのです！

日本のおいしいお米をこれからも食べていきたいし、子供達にも食べさせてあげたい！

技術や伝統には、大変な苦労をして創り、大切に守ってきてくれた人がいるのです。

そういう人達を大切にできない状況で「日本には素晴らしい技術や伝統があります。まだまだ大丈夫です」と言われても説得力に欠けるのではありませんか。

日本の高齢化問題は、介護などの問題だけではありません。**現役世代の高齢化**という問題のほうが遥かに大きいのです。不況が長引いた影響で次世代への継承が進みませんでした。

問題解決には一刻を争うのです。

それには、経済問題を解決する為の即効性のある方法が必要なのです。

日本が抱える「国の借金」はなぜ増え続けるのでしょうか。30年前日本国民は、貯蓄率が世界でも高水準であり、勤勉であるという定評がありました。その国民が今なぜ個人負債を抱えて、働く場所も無くなってしまうような状況になってしまったのでしょうか。

この事は、働かない若者のせいにして深く議論されてきませんでしたが、よく考えてみてください。その若者の分まで、年配の方々が働いて下さっているではありませんか。

答えは別の所にあるのです。

人間の営みとお金の関係

人間が存在するずっと昔から自然は存在していました。

自然の中では、人が手をかけなくても、木には果実が実り、川にはお魚も泳いでいます。人は、この果実やお魚を食べることで生きていく事ができます。動物の毛皮や綿で衣服もつくれます。木や土を使って家をつくることもできます。この自然の循環の中にいる間は、所有者不在の自然物を交換する事で生活が成り立ちます。お金は必要ありません。

しかし、交換比率が悪い時や、ほしい時期と収穫時期が一致しない時など、取引が成立しない場合はお金が必要になります。お金は補完手段なのです。お金を受け取った人は、その分の価値のある物と交換できるのです。ですから、交換されるお金と自然物の取引量は一致するのです。取引量が一致している事を確認する為の計算道具として【貸借対照表】が存在します。**【貸借対照表】は等価交換が原則**なのです。

この前提を踏まえて、ここからは物語形式でご説明致します。この物語は、産業構造の変化や税の矛盾等を抽象的に表現する為のフィクションです。

こうして、のどかに生活するグループ（Aグループ）がありました。

ある時、Aグループが暮らす場所では日照りが続いた為、川は干上がり、木が枯れてしまいました。仕方なく、Aグループは山の向こうにあるBグループに助けを求めました。

Aグループは、Bグループから食料や着る物や住む場所を借りました。Aグループの人々には、自然に受け取れる物はもうありません。「自然物」の代わりに「労働」を提供します。また、Bグループの人はAグループの人の分まで「自然物」を用意しなければならなくなりました。

Bグループの人々は、最初ちょっとだけAグループの人を厄介者のように感じていました。でも、Aグループの人々はよく働いてくれるので、しだいに仲良く暮らすようになります。

Aグループの人は考えました。「私たちが来たせいで土地が狭くなってしまったのだから、何とかしてあげよう」と。

そして、Aグループの人々は、たくさんの人が住める大きな住居をつくりました。上下水道も整備し、電気やガスで快適に暮らすことができるようになりました。Bグループの人々も、Aグループの人が作ってくれた機械で、作業が楽になりました。

こうして月日が経つと、どちらからともなく合併話が持ち上がり「ABグループ」になりました。

それまでAグループだった人々は、自分たちの「労働」というものに対価を求めませんでした。Bグループの人々が食料などを分け与えてくれていたからです。私たちは助けてもらったのだから、欲しがってはいけないと納得していたからこそ、お金がもらえなくても平気でした。

しかし、月日が経ち子供達の世代になると、この理屈では納得できなくなります。元Aグループの子供達は、頑張って労働して様々な物を提供しているのにお金がもらえない事はおかしいと考え「もう十分恩返ししたよね。これからは、私たちがつくった物を利用する時はお金もらうからね。分けてもらっていた食べ物の分は支払うよ」と言い出しました。これに対しBグループの子供達も、「それはそうだよね。どうして今までタダだったのかな？」と言って、お金を支払う約束をしました。

元Bグループのリオが聞きます。

「じゃあ、このお部屋はいくらで使わせてくれるの？」

元Aグループのエマは答えました。「1カ月50万」

農業者のリオは絶句しました。年間600万といえば収入の2倍です。収穫は年に一度きり。それなのに毎月支払いをするにはどうすれば良いのかわかりませんでした。

その様子を見てエマは言いました。

「お金を借りればいいのよ。分割払いできるし」

住み慣れた部屋を離れたくないリオは、６００万の借り入れをすることにしました。リオはその借り入れを支払う為に、収穫量を上げる努力をしました。農地を開墾し、高く売れる野菜を選んで作ります。また、寝る時間を割いて木のおもちゃを作り、それを売ってお金にしました。６００万とは、これだけ頑張ってようやく返済できる金額なのです。

そんな生活も3年目になるとリオは体調を崩してしまいます。入院費や病気の間の生活費や滞った家賃は到底支払えない状態になってしまい、ついに個人破産してしまいました。

個人破産して借金を帳消しにしたリオは、その後、元気になり農業を続けています。元Bグループは、リオのような破産者が続出しました。

しかし、これでは貸したお金を返してもらえない銀行は倒産してしまいます。銀行預金者を守る為に、ABグループは公的資金を投入して銀行の倒産を防ぎます。すると、その支払いは最終的にABグループ全体の債務となり、両グループに重い税金が課せられるのでした。

一方エマは、毎月入るお金を元手にして、さらに魅力的な建物をつくり続けます。そして、世界で活躍するほどに成長したのです。

人間同士の「契約による取引」には「等価交換の原則」があてはまらないのです。

リオが不幸になってしまった原因は「お部屋の風水が悪かったから」ではありません。

Aグループの人々が「自分たちの権利」を宣言した時から「等価交換の原則」が成り立たなくなったのです。ですから、**その分Bグループも「自分たちの権利」を宣言してしまえば良いのです。これで等価交換の原則が守れるのです。**

従来の会計システムは、

「Bが受け取れる権利分＝回り回って国の借金」と処理されていた為に矛盾が起きていました。経済の指標である【損益計算書】や【貸借対照表】の原則が、現代の複雑な取引を正しく反映できていない事に問題があるのです。

Aグループの人達が主張（宣言）していた内容をもう一度考えてみましょう。

「これからは、私たちがつくった物や労働した分のお金を支払ってください」です。

Aグループのエマは、なぜ年間６００万という数字を提示したのでしょうか？

25歳のエマは、技術を習得するために高度な教育を受けてきました。Aグループの両親はお金をもっていませんので、教育費を銀行から借り入れしていたのです。そして、建物をつくり続けるには資金が必要です。エマは建物をつくる勉強だけに専念したので、その道で稼ぐしか生きる道がないのです。高度な勉強なんてしなくても仕事はいくらでもあるでしょうと言われますが、農業や漁業は世襲制度がありBグループの専売特許なのですから、その道は選べないようになっているのです。選んだとしても教育費を返済できる程のお金はもらえない。家庭をもちたいと考えるとその分の費用も必要です。

600万とは、これらを全部含めた金額でした。

そこで、原価について考えてみます。

●Aグループの「つくった物の原価」

「材料などの直接的な費用」以外に、「労働者の教育費や生活費」が含まれます。

これは莫大な費用となります。

●Bグループの「自然物の原価」

「果実を得る為に必要な費用」だけが含められ、「従事者の教育費や生活費」は含まれません。

この二つを等価交換するとBがAに差額の莫大なお金を支払わなければならなくなります。これが「Bの分の利益（権利）を奪う」事になります。割に合わないのはこの為です。

Aグループは「受け取れる権利」を宣言する際に、「材料などの費用の対価」と合わせて「教育や生活の為の対価」もBグループに要求したのです。ですから、Bグループも「果実を得る為の費用の対価」はすでに要求しているので「教育や生活の為の対価」を要求すれば釣り合うのです。

でも、これではおかしいですね。**「教育や生活の為の対価」を他の誰かに要求する事自体おかしいのです。その人にも同じ権利があるのなら相殺されて、両方無かったことになってしまいます。**それでは、この分のお金はどこに要求するのが妥当なのでしょうか？

その「教育や生活の権利」分の会計処理を引き受けるのが「仮想の会計枠」です。

この「仮想の会計枠」についての詳しいご説明を始める前に、もう一つだけ皆さんに考えて頂きたい事があります。

原価についてもう少し考えてみましょう。前述の内容を整理するとこうなります。

「人間がつくった物の原価」＝「材料などの費用」＋「教育費や生活費」
「自然物の原価」＝「自然物を得る費用」＋「教育費や生活費」

人間には、自然にある権利として「生活する権利」と「教育を受ける権利」があります。

なぜ、「生活」と「教育」が必要なのでしょうか?

生活とは、健康な体を保ち、体力（パワー）を維持する為に必要なものです。

体力は自然のエネルギーを消費する事で維持できるのです。

そして、知恵や知識や技術は、人間の精神的エネルギー（原動力）なのです。

精神的エネルギーは人から伝えてもらうしかありません。これが教育というものです。

パワーを引き出すには原動力が必要です。二つのバランスが崩れると生きていけません。

また、人の命は永遠ではありません。生まれて、成長して、産み、そして死んでいく。この自然の営みが延々と続けられているのです。

人が人として生きていく為の権利を宣言し、対価を要求した事で費用が発生しました。

それでは、もう一つの原価である「自然物や材料」について考えてみてください。これらは、人類よりも先に地球に存在していた物ですね。人類は、これら自然の恵みを受け取って生きています。自然には自然の営みがあります。人間が自然のエネルギーを取り過ぎると、自然の営みが壊れてしまうのです。人類は今まで、たくさんの自然を壊してしまいました。自然に対し「自然の営みを続ける権利がある」事を認め、人間には「自然を守る義務がある」事を宣言しようではありませんか。

「自然を守る義務を果たす為の対価」を要求するのです。そして自然環境を改善する為の費用を認めましょう。

各産業の原価構成

従来の会計枠	
第1次・第2次産業の費用	第3次産業の費用
自然物を得る費用	材料などの費用
損　失＝国の借金	教育費や生活費

新しい費用を追加します

第1次・第2次産業の費用	第3次産業の費用
自然物を得る費用	材料などの費用
教育費や生活費	教育費や生活費
自然環境改善費	自然環境改善費

これで等価交換の原則が成り立つようになります。

2つの会計枠に分けます

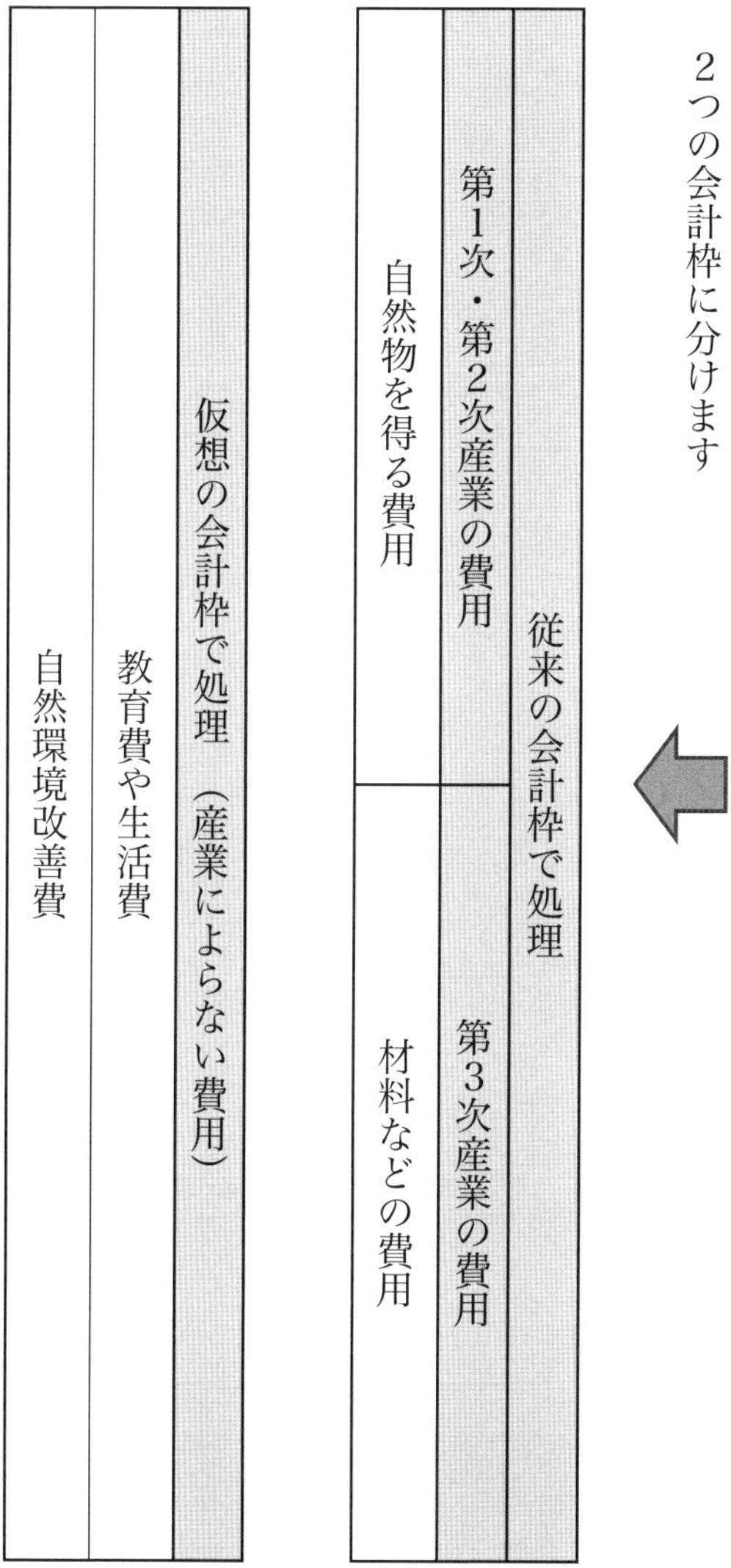

仮想の会計枠をつくり、資金を循環させる

それでは、いよいよ「仮想の会計枠」について具体的にご説明致します。

「仮想の会計枠」は「国民」が管理運営します。

● 「教育費や生活費」は個人へ支払われます。

● 「自然環境改善費」は「国民がつくる組織」へ支払われます。

このようにすれば、今までのように「国民の中の誰か」が支払う必要が無くなります。

イ）まずは、国民全員が「拠点」に所属します。

ロ）「拠点」から、「権利分の新しいお金」（元手）を受け取ります。

ハ）個人はその「元手」を使って幸福度を高める為の活動を行います。
具体的には教育を受けたり、生活をしたり、環境を良くする為の活動を行います。

ニ）活動を行う為に「物やサービス」が消費されます。

ホ）消費された分の「新しいお金」が、企業等において売上収入となります。

ヘ）企業等は、「新しいお金」を銀行などで「既存のお金」に交換します。
この時、銀行などには手数料収入が入ります。

ここで増額してはいけません。明瞭性が損なわれてしまうからです。

ト）「企業等に所属している個人」には「既存のお金」で報酬が支払われます。企業等がその報酬額を決定する時「個人の生活費」を考慮しなくても問題ありませんので、海外との貿易摩擦も軽減されます。

チ）企業等は、利益の一部を税金として国に納めます。これで国の借金が無理なく返済できるようになります。

リ）税収の一部から「その年度の国民の権利予算」分の金額を「拠点」へ預けます。予算額が税収と比べて不足した場合は、レートで調整します。運用の必要性が無くなるのはこの部分で調整が可能になるからです。「税金の会計枠」（既存の会計枠）と「権利予算の会計枠」（仮想の会計枠）は別です。増額された金額が明らかになるので、明瞭性が保たれます。

ヌ）その年度の権利予算分が全員に分配されます。

今までは、人々の生活費や教育費を、企業や組織の報酬の中に組み込み、そこから支払うようにしていました。その為、組織に入れなかった人達の権利が守られてこなかったのです。ですから「拠点」という新たな組織をつくり、そこから国民全員に生活費や教育費が支払われるようにします。

なぜ「税金を増やす」ことができるのか？

これまで、Ｂグループが受け取れる権利分のお金がもらえていませんでした。請求してなかったのですから支払われなかった事は仕方がないと思います。しかし、なぜかこの分が、国の借金と処理されてしまい「国」として返済しなければならない義務を負ってしまったのです。国民はその分の税金を納めなければならない。債権放棄するのも誠意がありません。新たな混乱を招いてしまいます。ですから、まず、Bグループの受け取れるはずだった権利分のお金を国民全員に配ります。そして組織として活動した中から税を集め、返済した形にしましょう。借金がなくなる頃には、予算が不足することもなくなり安定するでしょう。これでお互い丸く収まります。Aグループ Bグループと言っても今となっては昔のことです。債務だけが残されてしまいました。増額された金額分は、「Bグループが受け取るはずだった権利分のお金を、現在生きている私たちが受け取ることにした」と考えましょう。

「新しいお金」の特徴

●個人が受け取れる権利＝費用の内訳は国民の承認により決定されます。その基準は「幸福度が高まるかどうか」です。

●個人一人ひとりに合わせた年間予算が分配されます。限度額まで使えるので、適度に消費を促し、過剰な消費を抑える効果があります。これは、個人の権利として受け取れるお金なので、利息は発生しません。また、将来のサービス料金に付加されることもありません。

●「新しいお金」は、日本国内でのみ流通します。外貨交換できません。

●使用形態は、電子マネーやデビットカードのようなものをイメージして下さい。

電子マネーなので、何がどれくらい消費されたかが明らかになります。

個人が税務署などに報告をする手間は一切必要ありません。

企業等の組織もシステムを導入するだけで、そのまま経営を続けることができます。

●本人以外は使用できない（誰にも譲渡できない）ものとします。

●「新しいお金」の利用範囲が「仮想の会計枠」となります。

●「新しいお金」には使用期限があります。使用期限が切れた分の金額は返納されます。

「お金を貰ってから働く」という順番だと、怠けてしまうかも？

「既存のお金」と「新しいお金」は性質が違います。

「新しいお金」の価値基準は幸福度を高める事です。

物を消費するという事は自然エネルギーを消費するという事になります。

消費した自然エネルギー分、自然に還元させるエネルギーが必要になります。ですから、無駄なエネルギーは始めから使わないほうが賢明なのです。

やるべきことをやらないという意味の「怠ける（怠惰）」は良くないのですが、動かない（消費しない）という意味の「怠ける（休む）」は大変良い事なのです。

「新しいお金」を貰って、やるべきことをした人は、積極的に休んでいてください。
また、「もらったお金は全部使わないと損だ」と誤解しないでください。

「既存のお金」の価値基準は儲けることです。

儲けるには「トランプのババヌキ」のように、順番にお金を回していかないと成り立ちません。お金を回すには取引が必要です。取引とは、物やサービスを売買する事です。物を生産し、売る為に働く↓それを買って消費する。これを永遠に続けなければ、お金が焦げ付いて破綻してしまうのです。ですから、儲けたい人は、積極的に消費を促します。お金をどうやって使ってもらおうかと考えるのです。この理屈だと、消費することも仕事のうちとなり、遊びも仕事となると、寝ないで遊ばなければならなくなってしまいます。

だから、「動かない（消費しない）＝怠ける（休む）」ことが〝悪〟になってしまうのです。

私たちは、このような環境で育った為に「お金を使わないと損をしている」と感じてしまうのです。

さらに、儲ける為に、自然に還元する事をしてきませんでした。自然は文句を言いたくても言えません。人間の力で自然をコントロールできるという驕りも生じ、自然を無視してきたのです。ですから、環境問題は深刻化するばかりなのです。

「新しいお金」を貰って〝やるべきこと〟とは

「既存のお金」は〝今まで存在しない物をつくり出す〟事に惜しみなく使われてきました。

その為の試験研究費や経費は認められたからです。

そして、それに関わる人々の生活費や教育費も支払われてきました。

「新しいお金」は〝今まで人間がつくった物を自然に還元する〟事に使います。

その為の試験研究費や経費に惜しみなく使っていただいて結構です。

Bグループの人々が残してくれた預貯金＝国の借金はたくさんあります。

現在の日本において、第一番目に、本気で取り組まなければならない環境問題は、原子力発電所の問題を早期に解決することです。

生活費や教育費が全員に支払われるようになれば、賠償金の問題もクリアされます。

健康に不安のある方は、その地域にとどまり続ける必要もなくなります。


人間の命や自然よりも大切なものなどありはしないのです。

「既存の権利」と「個人に付け替えられている負債」を明らかにする

現在、日本の国民全体で支払うお金にはどのようなものがありますか？

年金保険料、健康保険料、介護保険料、消費税、住民税等があります。

30年前は「将来のツケを子供達に回さないようにするには」という議論がありましたが、今はもう、そのツケの支払いが始まっている状態です。


これらの税金は、今後も引き続き値上がりすることが確定されています。

市場原理が働いているお給料には、上がり続ける保証はありません。

金額的に折り合わない事は明白ですね。しかし、問題は金額だけではありません。

本当の問題点は、
支払う金額は決定されるのに、受け取れるサービスの内容は決定されないという事です。

民間の保険はこのようなことは起こりません。お客様がどの保険に加入するのかを決定する段階で、支払う保険料の総額と、受け取れる保険金やサービス内容が確定されており、それに対してお客様自身が合意するという形で契約が成立するからです。

しかし、民間の保険会社には、引き受けた量が支払いきれなくなった時、経営破たんして倒産するというリスクがあります。その場合、日本の金融庁が介入し、他の保険会社が引き受ける形で解決が図られます。

社会保険は「国」が運営しています。ですから、仮に経営破たんしても倒産できません。その理由は、引き受けてくれる先が無いからなのです。

問題をシンプルに考えると、保険金は「仮想の会計枠」から適切に支払い、サービスは「拠点」が引き受けるという形で解決できるのではないでしょうか。

破綻のリスクが無い形で、受け取れるサービスの内容を決定する方法

現在の年金保険・健康保険・介護保険は社会情勢によりサービス内容が変化します。

● 年金は、年金を受け取る人口と、保険料を納める現役世代の人口割合から計算されます。支払う保険料は増える一方、受け取れる年金額は下がる一方となります。
● 健康保険は、病院の運営費が上がると、保険で賄えない部分について、利用者が支払う一部負担金が増えます。結局、現金を持っていないと病院で診てもらえないことになります。
● 介護保険は全く先が読めません。現在、世帯に一定の収入がある人は40歳から死亡するまで介護保険料を納め続けなければなりません。介護認定を受けた人が介護サービスを受けることができますが、認定基準の見直しも頻繁にあり、利用者数の見込みも割り出せない状態なので、受け入れる現場の施設側でも混乱が続いています。

この内容では、国民が将来に不安を感じるのは仕方のないことです。

問題は、既存の保険の運営方法にあります

既存の保険制度は、保険料を集めて、そのお金を運用し、増やすことで成り立つ仕組みです。現在では、多額の損失を抱えている上、世界規模で運用が難しい情勢です。

現在の保障は、困った人を救済するという形で提供されています。保険を設計する時、将来困るかどうかを予測し、お金を準備しなければならないのです。あなたは自分がいつ病気になるのか予測できますか？　人間にはそんな能力はありません。保険を設計するという行為自体に無理があります。

私たちには、生まれた時から「生活を営む権利」と「教育を受ける権利」があります。保険料を支払わなければ、受け取る権利が無いという事が、そもそもおかしいのです。なぜ他の人の権利分のお金を、あなたが支払わなければいけないのですか？

「そんな事言われなくてもわかっているけど、他に権利分のお金を受け取る方法が用意されていないのだから仕方ないじゃないか。今は保険料を真面目に支払って、将来保障が受けられることを願うしかないのだ」とつぶやきたいお気持ち、お察し致します。

幸福度を高めるには「新しい保障制度」が必要です

前述のとおり、保障に必要なお金は、仮想の会計枠から「新しいお金」が支払われるという形にすれば、運用する必要はありません。運用の必要がありませんので「20年先の予算」を考える必要もありません。保険料も必要ありません。「今現在いる人々が必要とする保障」の分だけ「今年の見込みと実績」を記録すれば良いのです。難しい金利計算や人口推移の予想など考えることもありませんので、シンプルでわかりやすくなります。私たち国民が保障内容を決める事ができます。現実的に今必要な保障を、国民の話し合いで決める事ができるようになるのです。この方法なら、突発的な自然災害などにも迅速に対応する事も可能になります。

年金など、既存の保障は消えてしまうのか？

健康保険や介護保険については、新しい制度をつくれば、そちらから保障を受け取れるので問題ありませんね。保障は手厚くなるはずです。

皆さんの関心事は年金部分だと思います。「これからの生活費分のお金については権利として分配されるので問題ないが、今まで積み立ててきた分の権利がどうなるのか？」または「老後は海外で暮らすつもりなのに、海外で使えないお金をもらっても仕方ない」というようなご心配があるかと思います。既存の保険は「運用益を出さなければ成り立たない」のですが、逆に言えば、「運用益さえ出せれば成り立つ」とも言えます。私は、企業等の活動が活発になることで、運用が楽になれば、現在ある資金を運用することで、既存の保障部分については問題なく支払えるだろうと楽観視しています。

「今までのシステムが矛盾していたのだから、その時の約束を帳消しにしても良いのではないか？」このように感じる方もいらっしゃるかもしれません。しかし、そうしてしまうと、約束や法律を守る意味が無くなってしまうのではないでしょうか？

前述の物語を思い出してください。

エマは両親が残した借金を返そうと思いました。その借金は、エマ自身が生きていく為に必要な教育を受ける為の借金なのだから仕方がないと思うからです。お金を返すには、働いた分の報酬をどこかに要求せざるを得なかったのです。そして頑張って働いたのです。

そんなエマの状況を知っていたからこそ、リオも高額な契約に応じました。そして約束を守るために頑張って働いたのです。その時は、二人とも将来どのような結果になるのかわからないのですから、頑張れば何とかなるとお互いに思っていたのです。


人の営みとは、法律とは、このようにあるべきではないでしょうか。


人間には、それまで存在しなかった物やシステムをつくり出す能力があります。

しかし、それによってどんな結果がもたらされるのかは、残念ながらわからない。

困ったことが起きたら対応する。これを繰り返しながらより良い物にしていくしかない。

人間がつくり出した物やシステムは決して完全ではないのです。

私がご提案しているこのシステムも実は完全ではありません。

悪用しようと考えればいくらでもできてしまうのです。

これを完全なものにするには「信頼関係」が必要なのです。

法律は、人間同士が信頼関係をつくるために存在します。

「頑張って約束を守ればお互いに何とか生きていけるよね」と思える内容だからこそ、お互いに法律を守る事ができるのです。

ですから、一方的に今までの約束を帳消しにするような乱暴なことをしてはいけません。お互いに話し合いながら、双方納得して解決することが望ましいのです。

3 時間および距離の制約を緩和する

拠点での活動を具体的に考えてみましょう。

「誰でも・気軽に・いつでも共有できる空間」（拠点）を全国に必要なだけつくる

人は、ライフサイクルによって住む場所や家族構成が変化します。ですから、どの拠点を利用するのかは、その人の都合で決めることができるようにするべきでしょう。

例えば、会社の近くにある拠点を利用したり、家の近くの拠点を利用したり、旅先でも利用したりできれば、人々の交流の機会が広がります。

「自分の都合で休日が決められる」環境をつくる

一般的に、社員としてフルタイムで働いている方は、会社により休日が決められていま す。

パートタイムやアルバイトといったシフト制のお仕事は、ある程度自分の都合で休日を決める事が出来ますが、フルタイムのお仕事と比較すると、お給料は2分の1から3分の1くらいです。単純計算として、社員1人分のお仕事を2〜3人が交代でこなしているので、お給料も比例しているのでしょうか？

「新しいお金」を配り、経費の負担を軽減させ、余剰人員を雇い入れることが出来るようになれば、社員もワークシェアリング出来るようになります。そうすれば、残業を無くして、さらに、休日が選べるようになります。逆に、休日はあるけどお給料が少ないシフト制の方にとっては、収入を補填する役割を果たすのです。

これで「みんなが交流できる」社会をつくることが出来ますね。

「地域の福利厚生」を充実させる

「拠点」の目的として「地域の福利厚生の充実」があります。

日本ではバブルが崩壊するまで、各組織や団体ごとに福利厚生施設が作られ、各地でリゾート開発が推し進められました。しかし、運営母体の倒産が相次ぎ、残された施設でも、利用者の奪い合いや過当競争が起こり、借金が膨らんだ結果、暮らしに必要なサービスさえも無くなるという事態が起こりました。当時の主な敗因は2点挙げられます。

- 計画段階で、利用者数を実際よりも多く見積もっていた事
- 同じような施設が乱立し過当競争が起きた事

まずは、「暮らしに必要なサービスさえも無くなる事態」を収拾しなければなりません。

特に地方においては「夢破れて山河ではなく廃墟あり」というところも多くあります。

こういう場所に「環境改善費」を投入します。こうして生まれたスペースに「拠点」をつくることもできますね。「拠点」は、一つの組織が全国展開するので「福利厚生施設を必要以上に作らない事」ができます。そして「幸福度」が基準ですので「利用者負担とは

しない事」ができます。これで少子化や過疎化にも対応できますね。

「拠点」は雇用創出の場でもある

女性（特に子育て中の女性）が働く場所について、長きにわたり社会問題になっています。

「プライベートな家」と「公共の場所」の間にある「拠点」こそが、そんな女性にぴったりの仕事場になるのです。もちろん男性にも活躍の場はたくさんあるはずです。「拠点」が充実すれば、現在の社会保障問題も解決されることでしょう。例えば、医療保険や介護保険で問題になっているのが、軽度の患者さんへの対応です。そういった方の見守りなどを、「拠点」で健康な方と一緒に楽しく過ごしながら行うことが出来ると良いのではないでしょうか。また、年金問題も、（子供から大人まで）全員にお金を配る事で解決されるでしょう。誰でも働ける場があれば「完全失業」になる心配もありませんね。

拠点間で情報を共有できるようにする

拠点間の連携を図るには、情報の共有は不可欠です。そしてセキュリティーシステムも必要になります。私個人の意見としては、安易に世界中につながるインターネットを利用するのは危険だと思いますので、国内向けのシステム構築が必要になるのではないかと考えます。日本在住の希望者全員に通信端末を配布することで、情報共有することができます。

これを実現するには、開発業界の方々にご協力願うことになるかと思います。

この「国内向け通信端末」を日本の民間団体でつくる時、開発企業1社を選定してしまうと、他の企業はコンテンツの開発にも参加できなくなってしまいます。これを回避するには、業界として一つのチームをつくり、各社協力して端末を開発することが望ましいのではないでしょうか。中身のコンテンツ開発で各社が競う形となれば、利用者はより良いサービスを期待できるようになり、各企業も倒産のリスクが軽減されます。

このように、拠点は、目的に応じてフレキシブルに業界の垣根を超えた活動ができる場所となる事を期待します。

全国に拠点ができたら、拠点間の交流を図る

例えば、「子供を連れてどこかに遊びに行きたいけれど、行ったことがない場所に出かけるのは不安」と感じている人がいたとします。遠方にお出かけするとなると「交通の便は？　子供と一緒に休憩できる場所はあるのかしら？」と、雑誌やネットで情報収集するなどし、あれこれ考えながら準備しなければなりません。「面倒だからやめよう」となりがちです。

「普段利用している場所と同じような場所がある」と分かっていれば安心してお出かけできますね。お出かけ先の拠点にいる人との交流を通じてその地域のことを知り、今まで知らなかった場所にお出かけできるようになれば、素晴らしいと思いませんか？　また、地域の人々にとっても、普段出会う機会のない人と交流がもてるわけですから一石二鳥ということになりますね。

拠点を中心とした交通網をつくる

拠点を利用する人たちが中心となって、交通網をつくれるようになると便利だと思いませんか。例えば、地域で利用できる乗り合いタクシーや循環バスやレンタルサイクル。拠点間移動の長距離にも対応できる交通網が整備されると、きっと便利になるでしょう。「幸福度」を基準とした運営であれば、「利用者が少ないから」という理由だけで廃止されるような事にはなりませんね。

「環境を守る為の活動」を拠点から始める

「薄利多売」という販売戦略は、主に個人向けに行われます。大量消費が前提となりますので、同時に大量のゴミをつくる事になります。この大量のゴミを、資源として再利用できれば、地球環境にとって大変良い効果があります。

現在、個人で消費するものは、「プライベートな家」に持ち帰られます。家庭ごみは、各家庭で分別を行い、行政により回収されます。しかし、この方法だと、資源への再生率を上げることが難しくなります。

生活の場として、「プライベートな家」以外に、大きな組織としての「拠点」があれば、その場で消費されたゴミを「組織」として回収・再利用できるようになります。そして、各家庭のごみが減り、回収の手間やコストを減らすことができます。

現在は、国や企業がCO_2を削減する目的で、組織的に「排出権取引」を行う取り組みもあります。「個人単位」では難しい取り組みを、「拠点」を通じて、各個人でも参加できるようになれば、一層効果が上がるのではないでしょうか。

まず、一番取り組みやすいと思われる「ごみの資源化」を挙げましたが、地球環境を改善する為の取り組みは、CO_2削減だけではありません。

これらの取り組みを実現するには、様々な業界が横断的に協力し合える環境が必要不可欠なのです。競争を前提とした組織同士では協力することは難しいですね。ですから、「拠点」の枠組みの中にこうした組織をつくり、チームとして開発や運営を行えるようにすることが求められます。

人々がお互いに成長できる環境をつくる（教育について）

教育について考えてみましょう。

現在、日本の義務教育は「6・3・3制」ですね。この義務教育の後、選択により「高校や大学」で学ぶのですが、「職業人としての教育」はどこで行われるのでしょうか？

日本型経営が成り立っていた頃は、一般的に「会社に入社して3年は勉強期間」と言われていました。学生を卒業して社会人となり、最初の3年で「職業人」として教育される。これで「優秀な人材」に一歩近づけるわけですね。そして日常的に「仕事」をこなしながらスキルアップしていくという流れがありました。

この頃の学校教育は、社会人のモデルをつくり、そのモデルに近づける為の教育を図ろうとしていました。

しかし、この教育方法では、既に確立された仕事の内容を踏襲する場合は有効ですが、新規事業を展開するなど、前例が無い仕事には対応できません。グローバル化した現代の仕事内容は、前例のない事ばかりで、上司や先輩も、その流れについていくのが精一杯なのです。そこで、これに対応する形で産学連携が図られました。

学校は、企業の求める人材を育てる事を目的として教育カリキュラムをつくり、学生は、何年かかけて勉強します。しかし、卒業してみると既に時代遅れの内容だったという悲劇が起こりました。こうなると、学校も何を教えれば良いのかわからないので、生徒を集める為に合格率とか就職率とかいう実績数字に頼らなければならなくなります。会社組織に所属する事自体を目標にすると、卒業した生徒は、入社後何をすればよいのかわからなくなります。そして、会社をすぐ辞めてしまう。すると企業は、手間暇かけてやっと採用した人材がすぐに辞めてしまうなら、派遣社員でいいやと考えてしまうのです。

学校も会社も生徒も、やる気が無いわけではなく努力が空回りしているだけなのです。

原因を探ってみましょう。

会社の目的は儲ける事です。日本型経営の頃は「今まで存在しない新しい物をつくる事」が仕事でした。「今まで存在しない物をつくる時」の発想法は「今まで存在しなかった消費者をつくる事」です。組織がニーズを考え出し、人々はそのつくられた物に合わせて行動する。この流れが続いている間は、会社側で「10年先にこんな商品作りたいから、対応できる人を社内で育成しよう」ということができました。学校教育は「組織に対応できる人材」を育てるだけで良かったのです。

しかし、時代が変わり、物が売れない時代に突入し、ＩＴ革命などが起こると、前例のない事ばかりが起きてきます。すると、仕事のスタイルは逆転します。会社側が世の中のニーズを探るようになるのです。そうなると若い人達に何を伝えれば良いのか分からなくなります。逆に、若い人達の気持ちが知りたいくらいです。「今、何が欲しい？」と。

今までは、仕事をする場所と教育を受ける場所が分断されていました。たとえ隣り合った場所にあったとしても交流することはありません。「隣は何をする人ぞ」という関係でした。だから、仮説を立ててモデルケースをつくり……となってしまいました。「拠点」でお互いに交流し、そこで聞いてしまいましょう。「今、何が欲しい？」と。

自然人としての〝人〟を育てる

人が生きていく為に本当に必要なスキルとは何でしょう？「衣・食・住」が満たされていれば、生きていけるのではないでしょうか。

最近では、自給自足の生活に憧れる人が増えています。

昔の人々は、自給自足が当たり前でした。地域の中に農家や酪農家がいて、子供達も一緒にお手伝いできる環境があったので、食べ物がどのように作られているのかを「日常」の中で理解することができたのです。また、ご近所の女の子を集めて、お裁縫などを教えてくれる場所もありました。

現在では「消費地としての巨大な街」がつくられ、人々の生活は一変しました。街の中には農家も酪農家もいません。小学校や中学校以外の場所で、何かを教えてもらうにはお金が必要です。こんな事情から、街に住む人達にとって「何かを自分の手でつくる事」はとても贅沢な事になってしまいました。材料を買って自分で作るより、お店で買ったほうが安いのです。そのようにシステム化されているのです。

「自分の手で何かをつくり出す行為」は「幸福の4要素」をすべて満たしてくれます。だから、便利な街に住む人達は「幸福」を感じられず、自給自足に憧れるのです。


では、誰でも学ぶことができる「義務教育」の場では何も教えていないのでしょうか。そんなことはありませんね。「技術科・家庭科」の教科で教えてくれます。

しかし、昔は地域ぐるみで教えていた内容を、小学校や中学校の先生が、技術室や家庭科室で教えるには限界があります。そこで、最近では地域のボランティアの人達が協力して行う取り組みも出てきました。

地域ボランティアについて

小学校や中学校の運営には税金が使われます。よって、税収が落ち込むと「年間の予算」が減らされてしまいます。重要度の高い建物の耐震化ですら予算が無くてなかなか進まないという中、ボランティアの方に報酬を支払うことは難しいですね。

人が活動するには「時間と経費」がどうしても必要です。バブル崩壊以前は、「ご主人の稼ぎにより家計が安定している専業主婦」の方が多くいました。各家庭が時間と経費を捻出する形でボランティア活動が成り立っていたのです。そして、この「専業主婦」の方たちが中心となって「地域」を形成してくれていたのです。現在は、ご主人の稼ぎだけでは家計が安定しないので、「仕方なく働く主婦」の割合が増えてしまいました。これでは、いくら「子供達の為に頑張りたい」という気持ちがあっても、各家庭で時間と経費を捻出する事ができません。どうしてもボランティア活動してあげたいと考えると、パートやアルバイト等のお給料の面で不利なお仕事を選ばざるを得なくなります。頑張る人が報われない虚しさを感じます。さらに、地域で過ごす主婦がいなくなったので「地域が形成されない」という問題も起きています。

皆さんの中には、「地域」と聞くと「地元商店街」を思い浮かべる方が多いのではないでしょうか。地元商店街の方は「経費」の面で協力できるかもしれませんが、ご商売をしている都合で「時間」の面ではなかなか協力できません。それでも、お仕事が終わってから集まったりするなど「ボランティアの時間」をつくる為の涙ぐましい努力をされている商店街もたくさんあります。

現在の環境のままでは「学校・家庭・地元商店街」みんなが不幸です。

「幸福度」を高めるためにはどうすれば良いのでしょうか。

この問題を解決する為に「拠点」を活用しましょう。

「拠点」では、今までボランティアで行っていた活動が「お仕事」になるのです。

お仕事だから「新しいお金」で経費も報酬もきちんと支払われます。

子供の心配をしながら「お金のために」無理に働く必要はありません。

堂々と「子供達のために」働いてください。子育ては立派なお仕事なのです!

しかし、現役世代の大人達が今まで受けてきた教育は、「組織で働く為の教育」に偏っていました。

ですから、生活の為の教科である「技術科・家庭科」は得意ではなかったりするのです。

子供達に教える前に、自分達の再教育が必要かもしれません。「拠点」では、大人達の「再教育の場」をつくることから始めます。「食育」や「住環境」等についてまずは大人達が学習します。大人達の日常が健全化すれば、一緒に暮らしている子供達の日常も健全化するでしょう。

街に住む人と各地方に住む人が、交流を通じてお互いに学ぶ

前述のように「技術科・家庭科」の教育は、教室の中だけで教えられるものではありません。例えば、「田んぼ」を見たことが無い人が、お米はどのようにしてできるのか？といくら頭で考えても理解できるはずありません。真に理解するには、実際に体験することが一番の早道なのです。街の中では体験できませんね。テレビなどの映像で「田んぼ」を眺めても理解することはできません。では、「田んぼ」のある場所に出かけて、「田んぼ」を外から眺めただけで理解できるでしょうか。これでは映像を見るのと変わりありません。

実際に体験させてもらうには、計画が必要になります。まずは「街に住む大人と各地方

に住む大人」が連携して計画を立てます。この過程でお互いを理解し合うことができるのではないでしょうか？

街の住人は、観光地に出かける感覚で眺めているだけでは見えてこないものを理解する事ができるようになります。また、各地方の住人も、街の人の事情を理解することができるようになります。「理解しよう」と向き合うことで、理解することができるのです。

現在行われている「地方創生」は、あらゆる場所を観光資源として「お金を集める」だけの取り組みであり、持続されないという問題があります。

「幸福度」という基準の人々の交流を目的とした活動は「世代を超えた広がり」があり持続性があります。「お互いを尊重し、良い関係を築く事」が良い土壌をつくることになり、そこに「子供達の教育」という種をまくことで、大きく成長することでしょう。

また、この「大人にとっての学習」というものは、「生涯学習」に繋がります。

学習するには努力が必要です。何かきっかけがあり、「学習したい」という意欲が湧いてくるから学習できるのです。この意欲がないと学習することは難しくなります。

「学習を始めるきっかけ」は「拠点」での活動を通して自ずと出てくるでしょう。

「拠点」は「学習したい時に、学習したい拠《ところ》で、学習できる場所」なのです。

さまざまな文化を育むための場

様々な文化を育てるには、その文化に「ふさわしい場」が必要になります。

例えば、街のあちこちにコンビニがありますね。雑誌コーナーを見ると裸の女性が表紙になっている本がのべつ幕なしに並んでいます。私個人としては、こういう雑誌も自由な文化の象徴みたいなものだと理解してはいますが、「日常の場」に持ち込んでほしくありません。なぜか駅前の一等地にパチンコ店やゲームセンターがたくさんありますが、あまり好ましい環境とは言えません。しかし、現状では代替として提案できる場所が無い。この問題も含めて「拠点」があれば解決できると思います。

「日常の場である拠点には子供にとって有害なものは持ち込まない、それ以外の場所は自由ですよ」とすることで子供と大人の良好な関係を保つことができると思います。

「拠点」が「日常の文化」を育む場所になり、
「拠点以外」の場所が「非日常の文化」を育む場所になります。

一例として、これは私の希望なのですが、

「日本の和服文化を日常の中に復活させたい」という事があります。

京都を中心とした関西圏では、日常の中でこの文化が受け継がれていると思いますが、東京の街の中において、和服文化が根付く気配は無いように思われます。

この和服文化というのは、単なるファッションの話ではありません。

和服を着ると、洋服を着ている時のような軽快な動きができません。所作を変える必要があります。所作を学ぶ事は、同時に行儀作法を身に付けることになるのです。和服文化を身に付けるには、和服を着てみるしかないのです。

現代の殆どの日本人は、西洋人と同じように振る舞うように教育されていますし、環境もそのようにつくられているのですから、一概に「日本人なのだから、〝日本人としての美徳〟を理解できて当たり前」とは言えませんね。

これまで、日本の文化は「和」から「洋」に一気に変化したわけではありません。その間に「折衷文化」があります。明治・大正・昭和の時代に広がりました。

現在の東京の環境は、和服に配慮されてつくられていません。環境をつくる側の人達が和服文化を理解していないのですから、配慮したくてもできないというのが現状です。

最近は「美しい日本を取り戻す」と言われたりしていますが、日本文化を取り戻すには環境を取り戻すことから始めなければなりません。

この環境をつくる為に、拠点が必要なのです。

日本の住宅は一般的に広くはありません。

洋服を片づける場所でいっぱいなのに、和服の収納場所を確保するのは難しいです。

ですから、和服は拠点に置いておきます。皆で共有するのなら出来そうですね。

着物の管理や着付けを拠点のお仕事とすれば、文化を伝えていけるのではないでしょうか。


私個人の意見として、次のご提案をさせていただきます。

全体として「洋」の環境を「和に戻す」ことはしない。「和に戻す」のではなく「和を取り入れる」ほうが、現在の日本らしいのだと思います。だからといって「和洋折衷」としない。折衷にしてしまうと「洋らしさ」も「和らしさ」も無くなり「偽物」になってしまうような気がします。「洋」の場所では洋服で過ごし、「和」の場所では和服で過ごす。これで初めて「洋」と「和」を理解することができるのだと思います。

「折衷文化」は「日本人」でも「西洋人」でもない人を作り上げてしまう。多くの日本人が海外に出かけたときに感じる違和感は、こうした環境が原因ではないでしょうか？

必然的に「和」と「洋」をつなぐ場所ができます。ユニバーサルデザインのようなものがこれにあてはまるのでしょうか。

現在の日本は混沌としているようで画一化されつつあります。とても不幸な事なのです。文化を伝えることは人々に秩序を与えます。複数の秩序を同時に存在させることで、自由が生まれます。だから、人々は幸福を得る事ができるのです。

「拠点」は、今まで「儲からないから」という理由だけで取り組むことができなかった事に改めてチャレンジできる場所なのです。皆さんの中にも、いろいろなご提案があるのではないでしょうか。そんなことを皆で話し合い実践する場があれば、幸福ではありませんか。

「日本流幸福度」を高めるための経済改革論

2016年5月20日　初版発行

著　者　鈴木章子

発行者　中田典昭
発行所　東京図書出版
発売元　株式会社 リフレ出版
〒113-0021　東京都文京区本駒込 3-10-4
電話 (03)3823-9171　FAX 0120-41-8080
印　刷　株式会社 ブレイン

ISBN978-4-86223-975-4 C0036
Printed in Japan 2016

ご意見、ご感想をお寄せ下さい。

［宛先］〒113-0021　東京都文京区本駒込 3-10-4
東京図書出版